Besonderer Dank an:
Freiherr-vom-Stein-Schule Immenhausen, St. Raphael Realschule Heidelberg, Barbara Grom, Felix Goldinger, BDKJ Speyer, Marion Hubrich, Gabriele Heckmann-Fuchs, Regina Doppke, Pastoralverbund Schlossberg-Stephanskirchen

In Dankbarkeit für Bernhard Meuser

Der Herausgeber Marcus C. Leitschuh, geb. 1972, ist Lehrer für Religion und Deutsch in Kassel. Er ist bekannt durch zahlreiche Buchveröffentlichungen, war Berater der Jugendkommission der deutschen Bischofskonferenz und ist u. a. Mitglied im Zentralkomitee der Deutschen Katholiken. Er ist aktiver Facebook-Nutzer und gewann 2013 einen Wettbewerb zum Thema „Seelsorge auf Facebook“.

Marcus C. Leitschuh (Hrsg.)

Echt ich!

Gebete junger Menschen

HERDER

FREIBURG · BASEL · WIEN

Inhaltsverzeichnis

Echt leben,
mit starken Gefühlen,
mit klaren Gedanken,
mit wahren Freunden,
mit wachen Träumen.
Ohne Wenn und Aber,
ohne Lug und Trug,
bewusst und entschieden.
Im Hier und Jetzt,
nicht im Vorgestern,
nicht im Übermorgen.

Vom Leben beten

Lebensecht, englisch lifelike mit den Adjektiven „realistic“ und „true-to-life“. Leben und echt. Das sind wohl die wichtigsten Sehnsüchte, die wir in uns tragen. Wir wollen leben. Wollen echt sein. Echtes erleben. Echte Liebe. Echte Versöhnung. Echtes Glück.

Ich danke allen, die durch ihr Schreiben uns teilhaben lassen an echten Gedanken. Gefühlen. Gebeten. An Klagen und Freuen. An Fragen und Bitten. Am Danke und am Aber. Am Lob und am Zweifel.

Die Texte laden uns ein, sie zu lesen und sie vielleicht auch mitzubeten.

Marcus C. Leitschuh

Mit Gott leben

Zu Dir reden,
Dich anklagen,
Dich loben,
zu Dir flehen,
bei Dir weinen,
vor Dir jubeln,
mit Dir schweigen.
Zu Dir schreien,
mit Dir leben,
mit Dir kochen,
mit Dir essen,
mit Dir streiten,
vor Dir spielen,
mit Dir lernen,
zu Dir gehen,
mit Dir sein,
mit Dir freuen,
bei Dir wohnen,
mit Dir hoffen,
Dich um Vergebung
bitten,
zu Dir gehen,
bei Dir sein,
vor Dir knien,
zu Dir flüstern,
Dir Glauben schenken,
mit Dir sprechen,
Dich verstehen,
mit Dir trauern,
mit Dir träumen,
mit Dir suchen,
zu Dir singen,

Dich ansehen,
mit Dir glücklich sein,
mit Dir teilen,
Dich beglückwünschen,
mit Dir denken,
Dich lieben,
Dir danken,
bei Dir erwachen,
neu mit Dir leben.

Irmgard Kaiser
Marcus C. Leitschuh

Bewusst (er)leben

Einmal einen Tag bewusst (er)leben
Einmal bewusst aufstehen und
dem Tag eine Chance geben,
auch wenn es regnet.

Einmal bewusst zur Schule gehen
und sich nicht ärgern,
dass man hinmuss,
sondern sich darüber bewusst sein,
dass man hindarf.

Einmal bewusst den anderen Mitschülern helfen
und sich mit ihnen über die Erfolge freuen
und nicht über sie lachen.

Einmal bewusst dem Busfahrer danken
und sich nicht über die Verspätung aufregen;
der macht das auch nicht absichtlich.

Einmal bewusst nach Hause gehen,
auch wenn man vielleicht lieber schon zu Hause wäre;
und sich darüber freuen,
dass man gehen kann.

Einmal bewusst Mittag essen,
auch wenn es vielleicht nicht das gibt,
was man am liebsten isst.

Einmal bewusst mit anderen reden
und sich mit Freunden treffen,
statt den Tag sinnlos verstreichen zu lassen.

Einmal bewusst nicht fernsehen,
sondern ein Buch lesen
oder vielleicht spazieren gehen.

Einmal, nur einmal bewusst (er)leben, wie lebenswert das Leben ist.
Das heißt beten für mich.

Johanna Boodendieck

Irgendwie habe ich das Gefühl, dass mir trotz dieser Fülle an allem, diesem Wohlstand, der uns umgibt, irgendetwas fehlt. Es fühlt sich an, als würde ein Platz in meinem Herzen noch leer sein. Ich glaube, dass Du, Gott, diesen Platz einnehmen solltest. Dieser Gedanke fühlt sich richtig an. Ich will anfangen, Dich an meinem Leben teilhaben zu lassen, ich will Dir von meinem Tag bei der Arbeit/in der Schule erzählen. Aber wie? Wie spricht man richtig zu Dir? Wie betet man zu Dir? Ein Standardgebet vielleicht? Nein. Wohl eher nicht. Ich glaube, das kann ich nicht. Vielleicht sollte ich es ganz anders versuchen. Ich sollte vielleicht ... Vielleicht sollte ich so mit Dir reden, wie mit einem Freund. Ja, ich denke, so kann das gelingen. Ich glaube, so sollte ich Dich sehen. Als Freund. Als Freund, der immer ein offenes Ohr für mich hat und mich so annimmt, wie ich bin. Einfach nur ich. Ab heute will ich Dich als Freund und als aktiven Bestandteil in mein Leben einschließen. Amen.

Sabrina Kaiser

GLAUBENSECHT

GOTTES
LIEBE
AUS
UNENDLICHER
BEZIEHUNG
ERLEBEN.
NACHFORSCHEND
SINN
EMPFINDEN.
CHRISTUS
HOFFNUNGSVOLL
TRAUEN.

Nils Gerets

Credo: Du glaubst, echt jetzt?
Leben mit positivem Vorzeichen, Gott gewollt.
Freiheit des Menschen, aus der Allmacht entlassen.
Sprache der Menschheit, Jesus Christus.
Volles Leben, über den Tod hinaus.
Geist durchdrungen, in Beziehung.
Ewig.
Ich glaube, echt, jetzt!

Nils Gerets

Hausbau

Gott, ich möchte Dir ein Haus bauen.
Eins, das Dir gefällt.
Deshalb will ich von Dir wissen:

Wer soll bauen? – Viele.
Wer? – Alte und Junge, Gesunde und Kranke,
Arme und Reiche, Schwarze und Weiße …

Wo fange ich an? – Hier.
Wo? – Dort, wo Du jetzt stehst.

Was brauche ich dazu? – Vieles.
Was? – Ideen und Pläne, Träume und Realität,
Mensch und Natur, Liebe …

Wann fange ich an? – Jetzt.
Wann? – In dieser Minute.

Wie soll ich bauen? – Vielfältig.
Wie? – Im Wasser und an Land, hoch und tief,
flach und rund, weit und eng …

Aber Gott, dann kann ich ja gleich eine neue Welt bauen!

Simone Müller

Wer nur den lieben Gott lässt walten

Wer nur den lieben Gott lässt walten
und ihm vertraut, obwohl der Verstand sich wehrt,
den wird er wunderbar erhalten
selbst dann, wenn man kein Licht am Ende des Tunnels sieht.
Wer Gott, dem Allerhöchsten, traut,
der kann sich dem „ich bin da" stets sicher sein.

Barbara Grom

SCHWARZ-WEISS-LEBEN

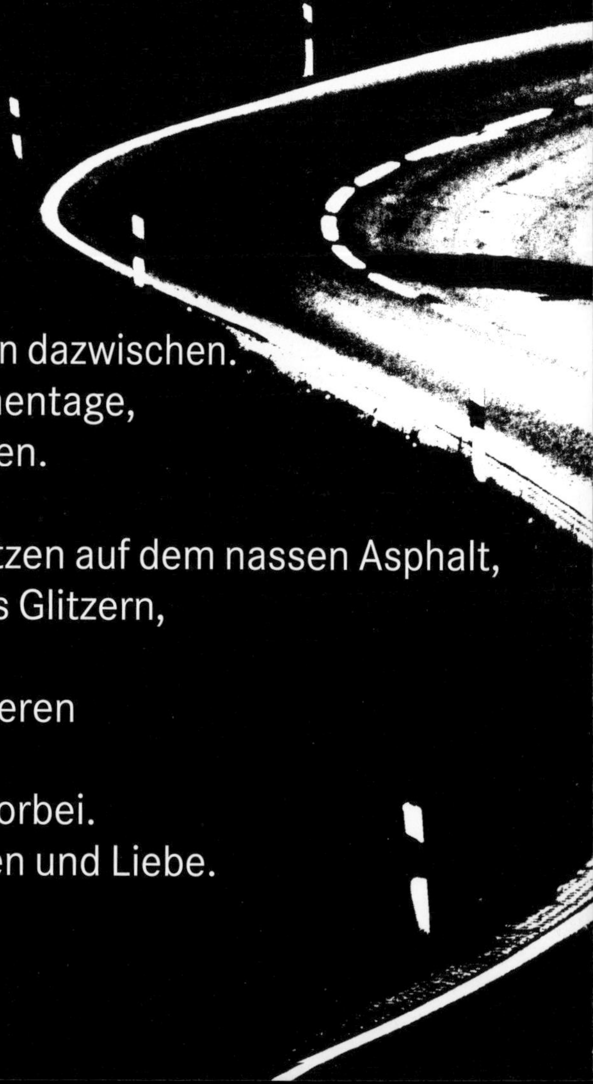

Schwarz,

Schwarz und Weiß,
gestreift.

Und keine Lücke zu flieh'n dazwischen.
Wie viele Tage sind Sonnentage,
beginnen mit Seelenregen.

Wir laufen durch die Pfützen auf dem nassen Asphalt,
manchmal sehen wir das Glitzern,
manchmal Schlamm.
Menschen, die sich verlieren
und wiederfinden.
Nicht selten gehen wir vorbei.
Krieg und Gewalt, Frieden und Liebe.
Und nur eins ist wahr?

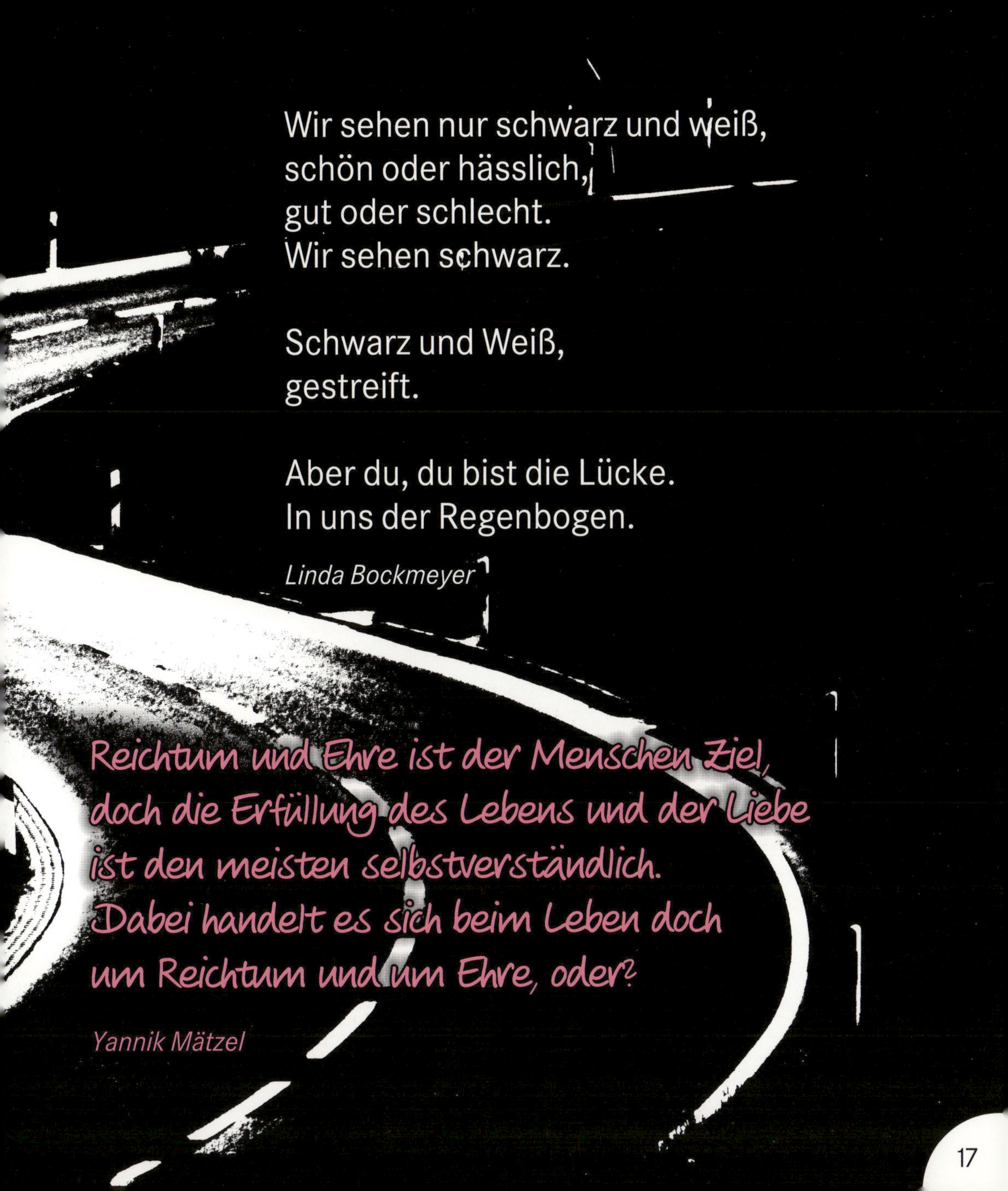

Wir sehen nur schwarz und weiß,
schön oder hässlich,
gut oder schlecht.
Wir sehen schwarz.

Schwarz und Weiß,
gestreift.

Aber du, du bist die Lücke.
In uns der Regenbogen.

Linda Bockmeyer

Reichtum und Ehre ist der Menschen Ziel,
doch die Erfüllung des Lebens und der Liebe
ist den meisten selbstverständlich.
Dabei handelt es sich beim Leben doch
um Reichtum und um Ehre, oder?

Yannik Mätzel

Geburtstag: 24.12.

Viel Glück
brachtest Du in das Leben der Menschen, die Dich kennenlernen durften.

Und viel Segen
wurde allen Bedürftigen zuteil durch Deine heilsamen Worte und Berührungen.

Auf all Deinen Wegen
hast Du die wohltuende Nachricht verkündet:
Da ist einer, der zu mir und unglaublich viel von mir hält.

Gesundheit
an Leib und Seele
erfuhren Bartimäus, der Blinde,
Zachäus, der Zöllner,
erfahren Hilfsbedürftige heute.

Und Frohsinn,
ausgelöst durch Deine froh machende Botschaft,
treibt auch heute Menschen an, sich für andere einzusetzen.

Sei auch mit dabei,
wenn wir die frei machende Botschaft vom Liebhaber des Lebens verkünden.

Martina Schrott

„Was ist wichtig im Leben?“,
sicherlich das Nehmen und Geben,
doch wie sieht das aus heutzutage,
ist doch oft nach dem Sinn die Frage.

Freunde sucht man im Internet,
neue Partner findet man im Chat,
doch ersetzt dies wirklich die Realität
und verliert es dadurch nicht an Qualität?

Natürlich hat man Angst, tut man nicht immer das Richtigste,
doch der Mitmensch ist und bleibt das Wichtigste.
Nicht perfekt sein zu wollen, ist das Ziel,
so hat jeder seinen individuellen Stil.

Viel Fleiß und Leistung wird früh verlangt,
sodass es schon einen Grundschüler bangt.
Doch Gott liebt einen immer von tiefstem Grunde,
das lässt heilen so manche irdische Wunde.

Christina Elena Hahn

Lebe! – Meditation

Das Leben ist wie eine Reise.
Eine Reise auf dem Schiff des Lebens.
Wir wissen nicht, wohin der Wind uns treibt, können seine Richtung nicht beeinflussen. Wir sind lediglich Passagiere, aber wir können entscheiden, was aus uns wird.
Welche Rolle spielst du auf dem Schiff des Lebens?
Gehörst du zu denjenigen, die vom bloßen Gast, passivem Zuschauer zum selbstständigen Ruderer werden?
Bist du vielleicht jemand, der zwischenzeitlich das Schiff verlässt, aussteigt, aufgibt, weil du keine Kraft mehr zum Rudern hast?
Oder du bist der, der das Schiff später genauso verlässt, wie er es bestiegen hat? Oder verlässt du es als anderer Mensch?
Bist du vielleicht der Poolputzer, der Tag für Tag, im gleichen Trott, den Schrott der anderen wegmachen muss?
Oder bist du der Manager, der alle rumkommandiert, die die Drecksarbeit machen? Fühlst dich mächtig und stark.
Aber vielleicht bist du auch die Landratte, die sich völlig unwohl fühlt, aber dennoch mit muss. Allein und unverstanden.

Bist du der Alleinunterhalter, der jeden zum Lachen bringt, außer sich selbst?
Oder fährst du im Kleinboot hinterher, um die anderen einzuholen? Versuchst mitzukommen und dabei zu sein, aber bist doch irgendwie, trotz aller Anstrengung, der Letzte?
Oder aber du hast nichts von all dem Stress. Dir geht's verdächtig prächtig, und du sonnst dich an Deck?
Oder bist du einer der Menschen, die am Beckenrand des Pools stehen und Leute allen Alters bespaßen, aber dich selbst nicht traust, ins Wasser zu springen?
Warum? Weil andere vielleicht schneller, eleganter und überhaupt einfach besser sind als du? Weil du überhaupt nicht schwimmen kannst?
Trau dich.
Du musst nicht alleine springen.
Ich springe mit dir.
Komm, nimm meine Hand und wir bestreiten zusammen die Reise.
Aber versprich mir, dass jeder seine eigene Bahn schwimmen wird.

Hannah Röblitz

Gott spüren

Im leckeren Brötchen. Im ersten Kuss.
Im Regenbogen. Im Geschmack nach Meer.
In der Versöhnung. Im Wiedersehen.
In Todesangst. Im kleinen Zeh.
Im ersten grauen Haar.
Im Lächeln an der Kinokasse.
Gott ist da.

Marcus C. Leitschuh

Herr,

lass Du mich
in den Dunkelheiten,
in den Nächten
und den schattenbehafteten Zeiten meines Lebens
immer wissen, dass Du,
die Sonne meines Lebens,
nicht ausgelöscht, sondern nur nicht
für mich erkennbar bist.
Öffne meine Augen, dass ich
Deinen Sonnenaufgang
in meinem Leben wahrnehmen kann.

Christopher Stangohr

FREI

Ich bin frei geboren,
und entscheide ich mich für Dich,
geht meine Freiheit nicht verloren,
denn in Dir erlebe ich mich.

Mein Glaube, mein Ursprung,
mein Weg und mein Ziel,
mein Glaube, meine Hoffnung.
Meine Entscheidung fiel
und fällt doch jeden Tag neu.

Ich glaube an die Freiheit,
die Du mir gibst und lässt,
ich hoffe, ich bin bereit
und halte an Dir fest.

Auch in Krisen, in die ich gerate,
möchte ich innerlich gestärkt
hoffen, dass ich mich nicht verrate,
hoffen, dass man es wirklich merkt,
dass Du trotz aller Dunkelheit
in noch so tiefer Einsamkeit
da bist und mich nicht verlässt.

Cornelia Schroers

FUNKENFLUG

Papier. Späne. Holz.
Ein Streichholz, eine kleine Flamme.
Atem holen, in die Glut pusten,
damit eine Flamme aufsteigt
und den Rauch vertreibt.

Es brennt, hell und lebendig.
Mir wird warm ums Herz
und ich werde ruhig.

Gott ist hier.
Jetzt in diesem Moment.
Im Feuer,
in den Menschen um mich herum,
im Sternenhimmel über mir,
im Klang der Gitarren,
in meinen Gedanken,
in der klaren Luft der Nacht.

Das Holz knackt,
die Funken fliegen
in den schwarzen Nachthimmel
als Antwort auf die Sternschnuppen.

Simone Müller

ICH BEGEBE MICH AUF DIE SUCHE

Ich weiß, dass es Dich gibt.
Denn Du bist bei mir.
Doch ich kann Dich nicht sehen, denn Du bist auch bei anderen.
Du wanderst von Ort zu Ort in dem Glauben der Menschheit.
Du willst, dass wir Dich finden.
Warum machst Du es uns dann nur so schwer?
Ich finde Dich in meinen Mitmenschen,
aber deren Herzen sind verschlossen.
Ich kann dich in der Natur suchen und auch finden,
aber die Natur wird langsam von uns Menschen zerstört.
Wenn Du mich hören kannst: Dann sag mir, wie ich Dich finden kann.
„Ich bitte Dich Gott, mach, dass wir Dich finden."

Lukas Baumann

BIST DU DA?

Wirst Du für mich da sein?
Wirst Du da sein, wenn ich mir meiner Entscheidung nicht
sicher bin?
Wirst Du da sein, wenn ich mich doch geirrt habe?
Wirst Du da sein, wenn ich unsicher bin?
Wirst Du da sein, wenn ich traurig bin?
Wirst Du an mich glauben,
wenn ich es selbst nicht kann?
Wirst Du mir vertrauen, auch wenn ich nicht weiß,
ob mein Weg der richtige ist?
Wirst Du mit mir gehen, egal wohin?
Ich bin doch auch nur ein Mensch.
Ich bin nur ein Mensch.
Ich bin ein Mensch.
Ein Mensch.

... und Du warst es auch.

Cornelia Schroers

LEBEN

Wohin soll ich reisen
mit meinem Luftballon der Zeit?
Hoch hinauf in die Wolken oder einfach zu mir nach Haus?

Manchmal weiß man nicht, wohin im Leben.
Es hält so viel bereit.
Nur eins weiß ich, Du bist da.
Du, lieber Gott,
Du hältst mich bei der Hand.

LIFE

Wo ist zu Hause?
Dort, wo meine Seele sich wohlfühlt.
Dort, wo Liebe den Menschen berührt.
Dort, wo Hass zu Liebe wird
und Menschen sich an den Händen berühren.

Manchmal weiß man nicht, wohin im Leben.
Es hält so viel bereit.
Nur eins weiß ich, Du bist da.
Du, lieber Gott,
Du hältst mich bei der Hand.

VIDA

LEVEN

Leben ist so relativ.
Ein Begriff, ein Wort.
Viel mehr als nur das.
So viele Wege zu begehen.
So viele Berge zu bewältigen.
So viel Schönes zu erleben.

Manchmal weiß man nicht, wohin im Leben.
Es hält so viel bereit.
Nur eins weiß ich, Du bist da.
Du, lieber Gott,
Du hältst mich bei der Hand.

Es wird immer eine Zeit im Leben geben,
in der du dich hilflos und einsam fühlst.
Aber gib nicht auf.
Glaube, und die Sonne wird für dich aufgehen und für dich
am Horizont der Zeit stehen.

Manchmal weiß man nicht, wohin im Leben.
Es hält so viel bereit.
Nur eins weiß ich, Du bist da.
Du, lieber Gott,
Du hältst mich bei der Hand.

VIE

Anne-Kathrin Haselmann

Trinität (mathematisch gesehen)

Gott:
Vater und Sohn und Geist.

Gott ist dreifaltig.
Gott ist vielfältig.
Ein Vielfaches von sich
selbst.

Gott ist dreifaltig.
Nicht
1+1+1
aber
1 x 1 x 1

Drei in einem.
Drei und doch eins.

Gott ist dreifaltig.
Denn
1 x 1 x 1 = 1

Vater und Sohn und Geist:
Gott.

Linda Bockmeyer

Du bist unsichtbar. Deine Macht und Deine Herrlichkeit sind so umfassend, dass sie unser Auge nicht schauen kann. Doch auch wenn wir Dich nicht in diesem Sinne sehen und begreifen können, bist Du immer da. Selbst in der größten Einsamkeit bist Du spürbar. Du bist uns nie fern, selbst wenn wir denken, Du könntest nicht ferner sein. Du kennst uns wie kein anderer. Du weißt, wenn wir glücklich sind und wann uns Kummer plagt. Du weißt um unsere innersten Wünsche und Träume und kennst unsere größten Ängste. Alle guten und schlechten Seiten an uns kennst du. Es gibt nichts, was dir verborgen bleibt. Obwohl du alles über uns weißt, verlierst du nie das Interesse an uns. Du liebst und sorgst Dich um uns. Uns allen schenkst Du bedingungslose Liebe. Mögen wir Deine Liebe in uns aufnehmen und an unsere Mitmenschen weitergeben. Gott, hilf uns dabei.

Auf der Suche

Gott – ein alter Mann,
ein strenger Richter.
Gott – ein mächtiger König,
ein strafender Vater.
Gott – eine sorgende Mutter
Gott – ein guter Freund
oder reines Energiebündel?

Die einen sagen,
Du seist in der Kirche zu finden,
denn sie ist das Haus Gottes – Dein Haus.

Andere sagen,
Du seist in der Natur zu finden,
denn sie ist Deine Schöpfung.

Wieder andere betonen,
Du seist bei den Armen und Schwachen,
denn die Kranken brauchen den Arzt,
nicht die Gesunden.

Einige erklären,
man könne Dich finden
in einem vertrauten Gespräch,
in gemeinsamer Arbeit,
im gemeinsamen Gebet.

Denn wo zwei oder drei in Deinem
Namen versammelt sind,
da bist Du mitten unter ihnen.

Manche sagen,
Du bist immer da,
denn Du selbst hast gesagt:
„Ich bin bei euch alle Tage
bis zum Ende der Welt."

Schenk mir die Ruhe,
Dich in der Kirche zu finden.
Gib mir die Aufmerksamkeit,
Dich in der Natur zu suchen.
Lass mich Dich im Mit-Leid mit Armen
und Schwachen entdecken.
Hilf mir, im Gespräch die richtigen
Worte zu finden, um Dir zu begegnen.
Sende uns „Team-Geist" für unsere Arbeit.
Lass mich im Gebet innehalten
und still werden vor Dir,
um Dir nahe zu sein.

Denn so bist Du bei uns alle Tage.

Martina Schrott

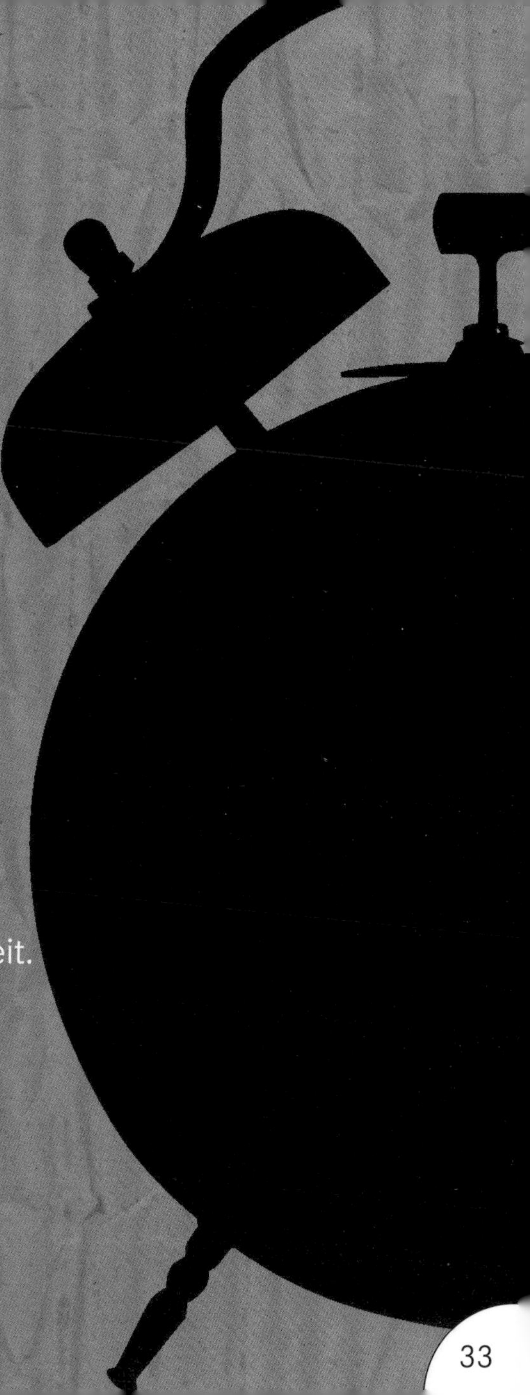

Hab Vertrauen!

Eine Sache, die uns beschäftigt,
etwas, wovor wir Angst haben,
Enttäuschungen, Unsicherheiten und Sorgen begegnen uns täglich!
Doch es gibt jemanden, der für uns sorgt.
Jemanden, der uns hilft.
Der liebe Gott ist immer für uns da!
Erscheint uns der Weg auch noch so schwer, so wissen wir es trotz-
dem – wir sind nicht allein!
Wir können uns auf ihn verlassen.
Er kennt uns.
Er kennt unseren Weg, den wir noch gehen werden.
Auch wenn wir uns manchmal einsam und verlassen fühlen und
vielleicht auch nicht mehr weiter wissen, so können wir doch beruhigt
sein, denn der liebe Vater weiß, was das Richtige für uns ist.
Wir müssen ihm nur vertrauen!

Ariana Giaimo

Ich sag Vater zu Dir

Vater,
Dein Reich ist überall – auf Erden und im Himmel.
Dein Reich kommt,
und wenn es wirklich da ist,
wird sich diese Erdenwelt verwandeln
und alles wird im Glanz Deiner Herrlichkeit erstrahlen.

Hilf uns, Deinen Willen wahrzunehmen und ihm zu folgen,
wie im Heute, so auch im Morgen.

Deinen Leib gib uns alle Zeit,
und wenn wir unsere Sünden bekennen,
mache unser Herz wieder rein.

Hilf uns, tapfer zu sein gegen den Satan und die anderen bösen Geister,
die in der Welt oft unbemerkt umhergehen.
Gib uns den Willen, diese zu erkennen und ihnen zu widerstehen.

Denn Du bist der, der das Weltall und die Erde erschaffen hat.
Denn Du bist der, der für unsere Erlösung am Kreuz gestorben ist.
Denn Du bist der, der das Leben immer weitergehen lässt.

Maria Jovic

Gemischte Gefühle

am boden zerstört
unendlich melancholisch
furchtbar mutlos
schwer verletzt
meist müde
tief enttäuscht
leider genervt
stark verunsichert
sehr wütend
enorm bedrückt
oft lustlos
plötzlich bedrückt
permanent deprimiert
ganz niedergeschlagen
zunehmend bekümmert
nachts schwermütig
immer verzagt
fast verrückt
tagsüber einsam
überraschend sprachlos

Marcus C. Leitschuh

1000 Masken den Eindruck erwecken
Versteckspiel Fassade unechtes
Vertrauen keine Regeln
Gott kann dich sehen, aber du kannst
ihn nicht sehen.
Woher weißt du, dass du Gott
vertrauen kannst?

Alexander Bekin

Es zerreißt mich.
Mir ist kalt und heiß.
Ich möchte rennen und kann mich nicht
von der Stelle rühren.
Setze Zeichen der Hoffnung gegen
Trauer und Ängste.
Manchmal kann ich
das glauben,
manchmal nicht.

Sei Du das Licht,
das den Anfang zeigt,
wenn wir nur das Ende erkennen.
Sei Du die Spur,
die vom Tod ins Leben führt.
Manchmal kann ich
das glauben,
manchmal nicht.

Wenn Jesus nicht
auferstanden wäre,
wäre der ganze Glaube an ihn
Quatsch.
Manchmal kann ich
das glauben,
manchmal nicht.

Pascal Benz

Es gibt Tage,
an denen ich mich frage, ob mein Leben
wirklich das ist, was Du willst.
Auch gibt es Tage,
an denen ich mich frage, ob es Dich überhaupt gibt
oder ob ich mich gerade einfach nur schwertue
mit dem Glauben an Dich.
Aber es gibt auch Tage,
an denen ich merke, wie Du einfach nur Deine
Zeichen in den alltäglichen Bereichen des Lebens gibst
und mir somit beweist, dass es Dich wirklich gibt.
Dann fällt es mir wieder leichter, an Dich zu glauben.
Deswegen habe ich eine Bitte an Dich:
Hilf mir mit meinem Glauben an Dich.
Ich danke Dir für Dein Verständnis und Zuhören.

Christine Kauter

Zweifel

Gott wirken lassen

Stell dir vor: „**LASST UNS DEN MENSCHEN MACHEN NACH UNSEREM BILD, UNS ÄHNLICH.**" (Gen 1,26)

Das Muttermal am Rücken.
Der Speck auf den Hüften.
Die Brüste unterhalb der Modelgröße.
Die gelben Zähne.
Der eingewachsene Zehennagel.

Alles Gott ähnlich.
Stell dir das mal vor.

Marcus C. Leitschuh

Man sieht es mir an

Bis über beide Ohren verliebt.
Wenn ich sie ansehe.
Mit diesem Blick
schaut auch Gott auf mich.

Marcus C. Leitschuh

Auch für mich?

Du, der so endlos an mich glaubt,
der mir so viel mehr zutraut,
der einst unter Menschen litt und fiel,
der mich auch in meiner Trauer sehen will,
der nicht einfach wegsieht,
wenn es mir schlecht geht,
der göttlich alles Menschliche versteht,
Du gibst meinem Leben neuen Sinn,
zeigst mir, wie wertvoll ich Dir bin.

Cornelia Schroers

WO LEBT GOTT?

Wo lebt Gott?
Im Universum?
Ist er ein Tier, eine Pflanze oder ein Nachbar? Vielleicht
Eins ist klar!
Er hält seine Hand schützend über dich.
Ein Teil von ihm ist in dir.
In deinem Herzen.

Paula Hirsch

ICH bin ICH
DU bist DU
ER ist ER
SIE ist SIE
Lieber Gott, Du hast uns so gebildet, dass wir alle anders sind und dass jeder Mensch etwas Besonderes ist. DOCH
du hast uns
allen etwas
Einheitliches
gegeben:
ein Herz und
deine Liebe.
Amen.

Maria Zschoche

Nicht blind

Du bist nicht blind vor Liebe.
Du siehst mich, wie ich bin. Mit all meinen Fehlern.
Aber das macht Deine Liebe nicht weniger,
sondern wertvoller.
Weil Du mich kennst und liebst.
Weil Du mich kennst und trotzdem liebst.

Linda Bockmeyer

Gottes Freundschaft

Du bist traurig,
du hast vielleicht eine schlechte Note geschrieben.
Du bist traurig,
du hast vielleicht einen guten Grund dafür.
Doch sieh mal aus dem Fenster:
Siehst du den klaren, blauen Himmel?
Sieh hinaus,
siehst du den strahlenden Sonnenschein?

Öffne das Fenster,
riechst du den süßen Duft der Freiheit und des
„Immer-wieder-Anfangens"?
Hörst du das schöne Zwitschern der Vögel?

Gott hat dir das alles geschenkt,
es soll dich aufmuntern und stärken,
in allen schlechten Zeiten
wie in allen guten Zeiten.

Er fühlt mit dir mit,
er ist dein Freund.

Freunde wollen einem helfen,
denn sie merken, wenn es dem anderen schlecht geht.
Gott ist dein Freund und zeigt es dir jeden Tag aufs Neue.

Jana-Sherin Dilling

Wie Kinder

Wir sollten vielleicht manchmal wieder
wie Kinder
über einen Marienkäfer staunen
und wie Kinder
über Banales lachen.
Wie Kinder
vertrauen,
doch auch wie Kinder
Selbstvertrauen haben.
Mal wieder
wie Kinder
an das Gute glauben
und wie Kinder
den Streit vergessen.
Wie Kinder
nicht an morgen denken
und wie Kinder
uns von und für etwas begeistern
lassen.
Uns wie Kinder
freuen, wenn die Sonne scheint,
und im Regen tanzen;
doch auch wie Kinder
weinen, wenn wir traurig sind,
und unsere Gefühle zeigen.
Wie Kinder
so sein, wie wir sind,
und uns nicht hinter Masken verste-
cken.
Wie Kinder.
Denn irgendwie sind wir ja alle Kinder …
Gottes.

Johanna Boodendieck

Gott ist erfüllt von Liebe. Gott wollte seine Liebe nicht für sich behalten, sondern sie schenken. Doch er brauchte erst jemanden, dem er sie schenken konnte. Also schuf Gott den Menschen. Wenn wir heute zum Himmel blicken und sehen, was Gott alles geschaffen hat – Sonne, Mond und Sterne, die ganze Vielfalt – da kommen wir uns unsagbar klein vor. Doch Gott hat viel für uns Menschen übrig. Er liebt uns bedingungslos. Er liebt uns und hat uns allen etwas von sich als Geschenk gegeben. Ein Licht – die Seele, wie wir sagen –, das uns zu dem macht, was wir sind. Dieses Licht strahlt in jedem von uns und macht uns so zu Zeugen der Liebe Gottes. Es ist ein Licht, das niemals erlischt, selbst, wenn man stirbt. Dieses Licht ist ein Geschenk, eine Verbindung zu Gott. Denn er ist die Wahrheit und das reinste Licht. Wir können das Licht, unsere Seele, in uns sogar manchmal sehen. Durch unsere Augen scheint und flackert es, manchmal schwächer und manchmal stärker. Und wir sehen es, denn Augen sind die Tore zur Seele eines Menschen. Dieses Licht ist wie ein Rückreiseticket eine Hilfe, zurück zu Gott zu finden. Denn dieses von Gott gegebene Licht – unsere unsterbliche Seele – findet immer wieder zu Gott zurück.

Sabrina Kaiser

unglaublich I

geahnt
ersehnt
erhofft
vernommen:

geliebt
bedingungslos
ich

unglaublich

Martina Schrott

unglaublich II

unglaublich
die Worte in meinen Ohren:
„Liebhaber des Lebens"
Schöpfer
Bewahrer
Freund der Menschen

„Liebhaber des Lebens"
unglaublich
die Worte in meiner Seele
so anders
so unerhört
so wohltuend
ich – Dein Freund?

Martina Schrott

Herr, unser Gott,

wir sind kritisch gegenüber uns und anderen Menschen.
Wir wollen ehrlich sein, aber wir entdecken auch unsere negative Seite.
Wir möchten viel Spaß haben und übertreiben dabei.
Wir leben mit anderen zusammen und bleiben doch oft allein.
Wir können anderen Freude bereiten, aber wir haben keine Lust.
Wir kennen das Glück der Liebe, doch unsere Beziehungen sind nicht dauerhaft.
Herr, unser Gott,
Du kennst unser Leben.
Du richtest uns auf, wenn wir mutlos sind.
Du stärkst uns, wenn wir keine Kraft haben.
Du liebst uns, wenn wir anderen aus dem Weg gehen.
Du hältst zu uns und hilfst uns. Amen.

Daniel Kaden

Danken können

Vieles ist normal. Dass morgens die Sonne aufgeht. Dass ich mit der Gabel den Mund beim Essen finde. Dass eine Erkältung wieder verschwindet. Dass ich das sagen kann, was ich sagen will. Dass der Supermarkt volle Regale hat. Wir haben uns an vieles gewöhnt. Es ist halt so. Wir nehmen das hin. So normal, wie es ist, fast beiläufig: Gibt es so etwas wie Dankbarkeit dafür?

Marcus C. Leitschuh

Danke

Danke, Herr, dass es Dich gibt.
Du bist immer da – egal was passiert ist – bei Dir finde ich Zuflucht.

Danke für meine Freunde,
die mich verstehen, mit denen ich Spaß haben kann und die mich auffangen in der Not.

Danke für meine Familie,
mit der ich mich zwar manchmal streite, die mich aber trotzdem liebt.

Danke für meine Haustiere.
Sie stärken mich und sie helfen mir auf ihre ganz eigene Art.

Danke für meine Lehrer.
Ich freue mich zwar nicht immer, sie zu sehen,
aber trotzdem bin ich dankbar, sie zu haben.

Danke für meine Klassenkameraden.
Sie sind immer für einen da, und wir vertrauen uns alle.
Ohne das wären wir keine Klasse.

Danke für andere Menschen, die uns eigentlich nicht kennen.
Sie helfen uns unbewusst durch einfaches Dasein.

Danke für das Wort **DANKE.**
Ohne dieses Wort könnten wir uns nicht bedanken.

DANKE.

Stephanie Rettemeyer

Jeder Mensch hat zwei Augen,
jeder Mensch hat einen Mund,
jeder Mensch hat ein Herz,
und trotzdem sind sie alle anders.
Man könnte uns mit Blumen auf
der Erde vergleichen.
Alle Blumen haben ihre Wurzeln
im gleichen Boden,
doch jede zeigt uns ihre eigene Schönheit.
Wir danken Dir für unsere farbenreiche
Menschenpracht.

Marie-Luise Ehret
Chantal Simon

„Lieber Gott, bitte mach, dass der Regen endlich aufhört", denke ich und seufze. Doch nichts passiert. Es regnet noch immer und ich bin unterwegs. Die Wanderschuhe sind längst durchweicht, schon lange hat keiner aus unserer Gruppe mehr etwas gesagt. „Sind wir bald da?", fragt mich einer. Ich motiviere mich selbst zu einem Lächeln und sage zuversichtlich: „Bestimmt!" Doch sicher sagen, dass wir nicht noch eine gefühlte Ewigkeit so weiterstapfen müssen, kann ich selbst nicht. Eigentlich müsste da vorne bald eine Abzweigung kommen, die uns zu unserem Lagerplatz führt. Aber noch sind da vorn nur Regen und Matsch.
Was wird uns dort überhaupt erwarten? Wir wissen, wir sind auf dem Weg zu einem Ort, der schön sein soll. Mit einem Bach und vielen Bäumen. Ich bin ja mal gespannt ...
Vor mir entsteht Aufregung, der Wegweiser ist aufgetaucht.
Als wir ankommen, lassen wir erst mal die Rucksäcke fallen. Erschöpft setze ich mich auf meinen und strecke die Beine lang aus.

Andere tun es mir nach, bis wir alle daliegen und in den Himmel schauen. Der Regen lässt langsam nach, nur noch selten fällt ein Tropfen auf mein Gesicht. Wir bleiben lange so liegen, ohne dass jemand ein Wort sagt.

Ich schaue in die erschöpften Gesichter um mich herum. Erschöpft und doch irgendwie glücklich. Der Stress, der ihnen normalerweise jeden Tag ins Gesicht geschrieben steht, ist verschwunden.

Wir hatten einen guten Weg. Auch, wenn wir uns verlaufen haben und klitschnass sind. Aber wir waren zusammen unterwegs und haben gegen-, mit- und füreinander gekämpft. Uns bis hierher durchgeschlagen.

Als ich den Blick schweifen lasse, bemerke ich, dass sich ein Sonnenstrahl durch die Wolken gemogelt hat; er malt Muster auf Gesichter, Bäume und Matsch.

Und auf einmal wird mir ganz warm: „Lieber Gott, danke schön!"

Simone Müller

Gott, das
wird.
Das Wort
schen ›anger

Danke für uns

Lieber Gott,
Du erschufst die Welt.
Erst eine Kugel, dann das Wasser.
Zunächst die Erde, dann das Gras,
die Blumen und die Bäume.
Als Nächstes das Leben, die Tiere und zum Schluss:
UNS – die Menschen –
Dein Ebenbild auf der Erde.
Dafür danken wir Dir.

Paula Hirsch

Wörter

Lieber Gott,
Wörter sind starke Instrumente.
Ich kann sie aufschreiben,
ich kann mit ihnen friedlich eine Schlacht beenden
und benutze sie täglich.
Ich kann vieles mit ihnen verändern
und sie sinnvoll einsetzen.
Ich danke Dir dafür, dass wir die Worte bekommen haben.

Shanina Schlaefer

Guter Gott,

ich danke Dir für meine Freunde.
Sie nehmen mich so an, wie ich bin,
da muss ich keine Rolle spielen.
In ihrer Mitte, frei und ungezwungen,
kann ich den Ballast des Alltags abstreifen.
Miteinander lachen, reden, schweigen,
kein Computer kann das ersetzen.
Guter Gott, lass jeden Jugendlichen
einen Menschen finden,
der ihn freundschaftlich begleitet.
„Mit einem Freund an deiner Seite ist kein Weg zu lang!"
Bleibe Du immer mein größter Freund,
halte mich in Deiner Hand,
führe und geleite mich.

Kristijan Nuji

0,08 Sekunden braucht heute eine Internetsuchmaschine zum Finden des Wortes „Hoffnung". 19.300.000 Ergebnisse werden gefunden. Ganze 0,04 Sekunden hingegen bringen 46.400.000 Fundstellen für „Angst".
Es scheint, als seien wir eher Angsthasen statt hoffungsvolle Optimisten. Grund für Angst gibt es vielfach, schnell übersehen wir jedoch dabei die kleinen Hoffnungszeichen. In der Fernsehsendung „Löwenzahn" durchbricht eine Pusteblume die dunkle Straßendecke.
In den kleinen Dingen kann ungeheuerliche Kraft liegen.

Marcus C. Leitschuh

Es gibt so viel Unzufriedenheit in unserer Welt. Die Kriege, die auf unserer Erde toben, können einem schon Angst machen. Angesichts dieser Grausamkeiten fühlen wir uns hilflos. Bitte schick uns Deine Kraft und Deinen Frieden. Schick sie in die Herzen all derer, die an den Kämpfen beteiligt sind. Hilf so, den Hass zu überwinden, und schenke uns den Mut zu Versöhnung. Schenke den Angehörigen der im Krieg getöteten Menschen Mut, gib ihnen die Kraft, die sie jetzt brauchen, um das Geschehene zu verkraften. Lass Dein Himmelreich hereinbrechen inmitten allen Lebens und schenke mehr Frieden.

Daniel Henschel

Hilf, Herr meines Lebens,
sei die Stimme meines Herzens, die
mich zu Dir führt.
Hilf, Herr meiner Tage,
dass ich in der Finsternis Licht bringe
für die Welt.
Hilf, Herr meiner Stunden,
dass ich frei werde von den Sorgen,
die mich bedrücken.
Hilf, Herr meiner Seele,
gib mir Kraft und Mut für die Tage,
die mich ängstigen und mir Energie
nehmen.
Hilf, Herr meines Lebens,
dass ich den Samen finde, der reiche
Früchte bringt.

Maria Jovic

Du bist Sehnsucht

Gott, Du bist Sehnsucht,
bist das, was mich treibt,
was ich niemals begreife
und doch ewig bleibt.

Du bist mein Leben,
mein Grund
und mein Sinn,
mein Weg zu erfahren,
wer ich wirklich bin.

Und wenn ich verirre,
mich selbst ganz verlier,
wohin soll ich gehen,
wenn nicht zu Dir?

Denn Du bist die Antwort,
wenn die Frage noch schweigt.
Die Lösung, das Fazit,
das die Ewigkeit zeigt.

Ich sehn mich nach Leben,
nach Liebe, nach Dir.
Und weil Du mich liebst,
sehnst Du Dich nach mir.

So bin ich allein,
mit nichts als meiner Sehnsucht,
kann nichts tun als warten,
dass Dein Sehnen
meins sucht.

Linda Bockmeyer

Die bunten Flügel

Manchmal liege ich am Boden
wie ein kranker Vogel.
Dann muss ich immer wieder
an die bunten Flügel denken,
mit denen ich einmal
hoch über den Wolken
fliegen konnte.
Und ich träume
von einem Engel,
der mir aufhilft
und mich auf seinen Flügeln
hinauf
über die dunklen Wolken trägt.

Katharina Wagner

Wir bitten Dich, hilf uns in unseren vielen schwierigen Notlagen.
Schenke Menschen Hoffnung und zuversichtliches Handeln.
Hilf denen, die Armut erleiden, und lass sie glauben an DICH.
Hilf denen, denen die Kraft fehlt aufzustehen und die blind sind für unsere schöne Welt.
Hilf denen, die keinen Willen mehr haben, zu leben.
Schenke uns Hoffnung.

Sophie Böhm

Lieber Gott,

morgens stehe ich auf und bitte Dich,
dass Du bei mir bist.
Begleite mich den ganzen Tag.
Sei bei mir, wenn ich mich freue,
sei bei mir, wenn ich lache,
wenn ich weine, wenn ich traurig bin.
Ich will Dich fühlen, spüren und begreifen.
Gib mir Kraft, denn ich brauche
Dich den ganzen Tag.
Dafür, dass Du immer bei mir bist
und mich nie alleine lässt,
danke ich Dir im Abendgebet.

Marco-Nikos Giese

Hoffnung

Ich hoffe, dass alle Menschen
mehr Vernunft, mehr Liebe,
mehr Vertrauen und mehr
Freundlichkeit zeigen können.

Ich hoffe, dass alles Gottgeschaffene
mehr respektiert, mehr verehrt,
mehr geschont und ernster
genommen wird.

Ich hoffe, dass
morgens jeder Mensch
beim Aufstehen einen Hauch von Frieden
und Wohlwollen fühlt und den Gedanken
an Krieg vergisst.

Jonas Rotermund

Die Bitten der Jugend

Wir bitten Dich, Herr, um ein Kennenlernen
und Verwurzeln in dem Geschenk des Glaubens.
Wir bitten um eine gute Familie, in der Dein Wort
die Familienmitte ist.
Wir bitten um eine gute und gesunde Entwicklung
unseres Körpers und unserer Persönlichkeit.
Wir bitten um gute Lehrer, Erzieher, Eltern und Menschen,
von denen wir viel lernen können.
Wir bitten um viele Menschen, denen wir vertrauen können
und die uns ernst nehmen.
Wir bitten um gute Entfaltung in unserer Ausbildung.
Wir bitten um das Finden des richtigen Weges
nach der Schulbildung.
Wir bitten um den richtigen Umgang mit Alkohol,
Drogen und Sexualität.
Wir bitten um Reife in Leben und Glauben.
Wir bitten um Verständnis für unsere Bedürfnisse und Zeit.
Wir bitten darum, dass wir andere Menschen
akzeptieren und respektieren.
Wir bitten darum, dass wir lernen, mit den Fehlern
und Schwächen anderer umgehen zu können.
Wir bitten darum, dass wir mit den eigenen Fehlern
und Schwächen umgehen können.
Wir bitten darum, dass wir den Sinn für Gemeinschaft
und Freundlichkeit nicht verlieren.

Wir bitten darum, dass Glaube und Erziehung
unser Leben begleiten.
Wir bitten darum, dass wir nicht von jugendlichem Leichtsinn
beseelt werden.
Wir bitten darum, dass wir immer für andere
ein gutes Vorbild sein können.
Wir bitten darum, dass wir nicht besessen werden
von Geld, Reichtum und Macht.
Wir bitten darum, dass wir dankbar werden gegenüber
Dir und den Menschen, die uns Gutes tun.
Wir bitten darum, dass wir in unserem Leben viele
Erfahrungen machen dürfen.
Wir bitten darum, dass wir nicht faul werden.
Wir bitten darum, dass wir uns für Gerechtigkeit
und Frieden einsetzen.
Wir bitten darum, dass wir ein Segen sind für unsere Eltern,
die uns großgezogen haben.
Wir bitten darum, dass wir Hilfsbedürftigen
ein Licht sein können.
Wir bitten darum, dass wir Wegweiser für Suchende
werden können.
Wir bitten darum, dass wir die Berufung erkennen,
die Du uns schenkst.
Wir bitten darum, dass wir unserem Auftrag als Christen
immer treu bleiben.
Wir bitten darum, dass Du uns allezeit begleitest und segnest.

Dominik Schaack

Nichts zu verlieren

Unser Leben ist nicht einfach.
An jeder Ecke zeigen sich Probleme und Konflikte.
Pessimistisch trauen wir uns nicht, die Hürden zu meistern,
die sich entlang unseres Lebenswegs befinden.
Wir stolpern durch und achten nur noch auf die Steine,
die man uns vor die Füße wirft.
Wir verlieren uns und achten nicht auf das Schöne,
das sich am Wegesrand befindet.
Gott, hilf uns, den Blick wieder auf Schönes zu richten
und den Überblick nicht zu verlieren.

Sophie Beikert

Gott, ich fühle mich überladen. Wie ein Wanderer, dem sein Rucksack zu schwer wird. Der Weg, den ich gehe, scheint plötzlich endlos und beschwerlich. Ich verliere die Kraft und den Mut und stolpere unter meiner Last. Ich falle auf die Knie und fühle mich zu schwach, um wieder aufzustehen. Manchmal glaube ich, dass ich das alles nicht schaffen kann, mein Leben auf die Reihe zu kriegen. Bitte hilf mir, mich wieder aufzurichten, stütze mich mit Deiner Liebe, stärke mich mit Deinem Vertrauen in mich und führe mich im Glauben. Mit Deiner Hilfe kann ich mein Ziel erreichen.

Sabrina Kaiser

Leben

Ist groß, verwirrend, kurz.
Wer bin ich?
Was mache ich?
Warum bin ich hier?
Zweifel
Bin ich sinnlos?
Ist alles unnütz?
Gott,
hilf mir, Antworten auf diese Fragen zu finden.
Hilf mir, den Sinn in meinem Leben zu erkennen.

Hanna Graben

Vögel am Himmel

Vögel am Himmel werfen ihre Schatten
auf den grauen Asphalt,
höre ihr Gekreische im matten
Ton, der in meinen Ohren schallt.

Dennoch denke ich, wie schön wär's,
könnte ich dort oben meine Kreise ziehen,
aber ich schreibe hier unten nur einen Vers,
und über mir schwebt der Wunsch zu entfliehen.

Verena Schulz

Gott, meine Seele ist in Aufruhr.
Ich bin nervös, mir steht ein Test/eine Prüfung bevor, und ich brauche Deine Hilfe. Auch wenn man es nach außen hin nicht sieht, bin ich ganz furchtbar aufgewühlt. Glätte die Wogen in mir, schenke mir einen klaren Blick für die wesentlichen Dinge, tröste und stärke mich mit Deiner Liebe und erfülle mich mit Zuversicht. Durch Deine Hilfe kann ich zur Ruhe kommen, wieder neuen Mut schöpfen und das, was auf mich zukommt, schaffen.

Sabrina Kaiser

Vater Unser 2009

Vater und Freund,
der Du mir immer Geheimnis bleiben wirst.
Manchmal so fern, dann wieder unbeschreiblich nah.
Unbegreiflich bist Du für mich.

Ich sehne mich nach einer Welt,
in der es keine Not mehr gibt,
keine Trauer, keinen Schmerz.

Ich bete darum, dass eines Tages niemand mehr sterben muss,
weil es ihm an Lebensnotwendigem fehlt;

dass kein Mensch mehr an Leid zerbrechen muss:
Nicht der, der es erlitten, und nicht der, der es zugefügt hat.
Ich bitte um die Kraft der Versöhnung,
die Verwundungen heilen lässt und Nährboden neuen Friedens ist.

Gib uns den Glauben und die Fantasie zu erkennen,
wo wir zu Deinem Reich des Friedens beitragen können.
Schenke uns die Kraft der Begeisterung, uns ganz dafür einzuset-
zen, dass Dein Reich schon auf Erden sichtbar werde.

Martina Schrott

Meine Zeit gestalten

Ein Jahr hat 12 Monate, 365 Tage, 8.760 Stunden, 525.600 Minuten, 31.536.000 Sekunden.

Da soll noch mal jemand sagen,
wir hätten keine Zeit.
Wir nehmen sie uns nur nicht.

Marcus C. Leitschuh

Der Lauf der Dinge

Vor der Haustür
ein paar alte Stühle,
keiner kann sie brauchen,
blaue Säcke,
vollgestopft
mit einem Leben.
Weg damit,
morgen kommt der Maler.
Zwei-Zimmer-Wohnung
günstig zu vermieten.
Da capo al fine.

Katharina Wagner

Die Zeit

Die Zeit vergeht. Sie geht langsam vorbei.
Sie geht schnell vorbei. Es ist immer anders.
Gott, lass die Zeit langsamer vergehen und
hilf uns, mit unseren Problemen klarzukommen.
Wenn wir Dir vertrauen, dann ist Zeit mehr
als nur etwas, das vorbeigeht.

Paula Hirsch

Alles hat seine Zeit

Zeit zum Neuanfangen
Zeit zum Freilassen

Zeit zum Lebloswerden
Zeit zum Frische-Energie-Spüren

Zeit zum Wegeverlassen
Zeit zum Anderen-Weg-Einschlagen

Zeit zum Tränen-fließen-Lassen
Zeit zum Lachkrampf

Zeit zum Einfangen
Zeit zum Freigeben

Zeit zum Schulteranlehnen
Zeit zum Ausheulen

Zeit zum Unsicherfühlen
Zeit zum Planen

Zeit zum Ins-Herz-Lassen
Zeit zum Herzschützen

Zeit zum Heute und Morgen
Zeit zum Gestern und Damals

Alles hat seine Zeit

Barbara Grom

Die Bibelstelle auf S. 40 ist entnommen aus:
Die Bibel. Die Heilige Schrift des Alten und Neuen Bundes
© Verlag Herder GmbH, Freiburg im Breisgau 2007.

Bildnachweis:
Covermotiv: PantherMedia/Robert Kneschke
Motive im Innenteil: Atelier Lehmacher: S. 6/7, S. 11, S. 14/15, S. 16/17, S. 18/19, S. 20/21, S. 26/27, S. 34/35, S. 38/39, S. 44/45, S. 46/47, S. 49, S. 52/53, S. 54/55, S. 58/59, S. 61, S. 74; Fotolia: S. 40/41: yellowj, S. 57: Corbis, S. 73: stillkost; PantherMedia: S. 9: Piotr Marcinski, S. 22: Jürgen Fälchle, S. 24/25: Jean Oed, S. 36/37: Claudia Busch, S. 42/43: C. Walenzyk, S. 50/51: Sergey Galushko, S. 62/63: Mikhail Dudarev, S. 64/65: Anna Omelchenko, S. 66/67: Chris Schäfer, S. 68/69: Thomas Mallien, S. 75: Eskay lim
Autorenfoto: Stefan Weigand

www.herder.de

Gesamtgestaltung: Atelier Lehmacher, Friedberg
Herstellung: Graspo, Zlin
Gedruckt auf umweltfreundlichem, chlorfrei gebleichtem Papier
Printed in the Czech Republic

ISBN 978-3-451-71136-7

Wise words – good vibrations

ISBN 978-3-451-71164-0

Du denkst, Glaube und Religion sind langweilig und haben nichts mit dem heutigen Leben zu tun? Tobias Aldinger beweist dir das Gegenteil! Viele aktuelle Songtexte enthalten religiöse Inhalte oder Fragen. Kombiniert mit einem Gebet oder einem Gedankenimpuls regen sie zum Nachdenken an.

Mit dabei:
Die Toten Hosen,
die Wise Guys,
Juli,
Thomas D.
und viele mehr!

HERDER
Lesen ist Leben

www.herder.de